TFS PARENTS' ASSOCIATION

WEST CAMPUS

2025-2026

Birthday Book Club

Name: Emilyn

Date: 31 mars

Joyeux Anniversaire !

PAPIER À BASE DE FIBRES CERTIFIÉES

hachette s'engage pour l'environnement en réduisant l'empreinte carbone de ses livres. Celle de cet exemplaire est de : 400 g éq. CO_2
Rendez-vous sur www.hachette-durable.fr

Loi n° 49-956 du 16 juillet 1949 sur les publications destinées à la jeunesse.
Rédaction : Anne Marchand Kalicky. Maquette : NoOok. Dépôt légal : octobre 2015.
Achevé d'imprimer en septembre 2017 par Canale en Roumanie. Édition 03.

nickelodeon

PAW PATROL

LA PAT' PATROUILLE

SAUVETAGE DE NOËL

hachette
JEUNESSE

Alors que le quartier général de la Pat' Patrouille est recouvert de neige, les chiots et Ryder décorent le sapin. Noël approche et tout doit être prêt avant minuit.

Ils accrochent les boules et les guirlandes en chantant :

Décorons ce joli sapin,
La Pat' Patrouille et leurs copains
Vous attendront pour fêter Noël
Plein de cadeaux tomberont du ciel.
Tra la la la la, la la la la !

La nuit est tombée et les chiots veulent veiller pour voir l'arrivée du Père Noël. Ils ont préparé des gâteaux et des carottes pour les rennes mais Ruben et Zuma n'ont pas résisté à y goûter un petit peu.

Sur son écran de contrôle, Ryder suit la position du traîneau grâce à des radars éparpillés dans le monde.

– Hum… Il y a de gros nuages, on dirait qu'il va y avoir une tempête ! remarque-t-il.

Un peu plus tard, les chiots finissent par s'endormir.

Au loin, des bourrasques de neige empêchent le Père Noël de maintenir le cap de son traîneau. Soudain, il percute un toit ! L'étoile magique se décroche en plein vol, et le traîneau s'écrase dans la forêt. Le Père Noël décide d'appeler Ryder à la rescousse.

– Je me suis fait surprendre par la tempête, explique-t-il. Mon traîneau est cassé. J'ai perdu beaucoup de cadeaux et les rennes se sont enfuis. Mais le pire, c'est que j'ai perdu l'étoile magique qui me permet de faire voler le traîneau. Sans elle, je ne peux pas livrer tous les cadeaux. Et il n'y aura pas de Noël cette année ! J'ai besoin de toi et de la Pat' Patrouille !

– On arrive ! Aucune mission n'est trop dure, car mes amis ils assurent ! répond Ryder.

Le garçon appelle aussitôt la Pat' Patrouille au complet. À l'aide de l'écran de contrôle, il leur explique la situation et donne à chacun une mission.

– Ruben, je voudrais que tu dégages le traîneau de la neige avec ta pelle. Rocky, on va avoir besoin de ta fourche et de quelques pièces de rechange pour soulever et réparer le traîneau. Stella, Zuma et Marcus, prenez l'hélicoptère, l'aéroglisseur et la grande échelle pour distribuer les cadeaux. Et Chase, emporte ton mégaphone pour rassembler les rennes !

– Ouaf ! Ouaf ! répondent les chiots en chœur.

C'est parti ! La Pat' Patrouille passe à l'action ! Les chiots montent dans leurs véhicules tandis que Ryder conduit son quad. Avec Ruben et Rocky, il atteint rapidement le traîneau presque enseveli sous la neige. Ruben creuse avec sa pelle et dégage l'engin en un rien de temps. Rocky approche son camion et soulève le traîneau.

– L'un des patins a été arraché lors de l'accident, constate Ryder.

La tempête redouble de violence mais Rocky, l'expert en recyclage, trouve un vieux ski capable de remplacer le patin cassé. Youpi !

Au même moment, Stella, Chase et Marcus récupèrent les sacs de cadeaux aux quatre coins de la forêt et rejoignent le reste de la troupe.

Ryder félicite ses chiots avant de les encourager à poursuivre leur mission.

– Stella, tu vas glisser les cadeaux dans les cheminées avec Marcus. Zuma, apporte les autres paquets sur l'île des Phoques. Et toi, Chase, rassemble les rennes.

Chase se met aussitôt à renifler le sol. Il remarque alors des empreintes dans la neige et tombe bientôt truffe à truffe avec un renne.

– Gagné ! Euh… tu es qui, toi ? Éclair, Comète, euh… Fringuant, Furie ?

De son côté, Stella survole la cheminée de Katie, la meilleure amie de Ryder, tandis que Marcus livre les cadeaux de madame Goodway et de sa poule Galinetta.

À bord de son aéroglisseur, Zuma file sur l'eau en direction de l'île des Phoques. Même Maurice a droit à un joli poisson en plastique !

Près du traîneau, Rocky termine de fixer le ski. Mais il manque toujours l'étoile magique. Ryder contacte le Père Noël à l'aide de son portable pour savoir où il en est de ses recherches. Malheureusement, il n'a toujours rien trouvé. Ryder a soudain une idée.

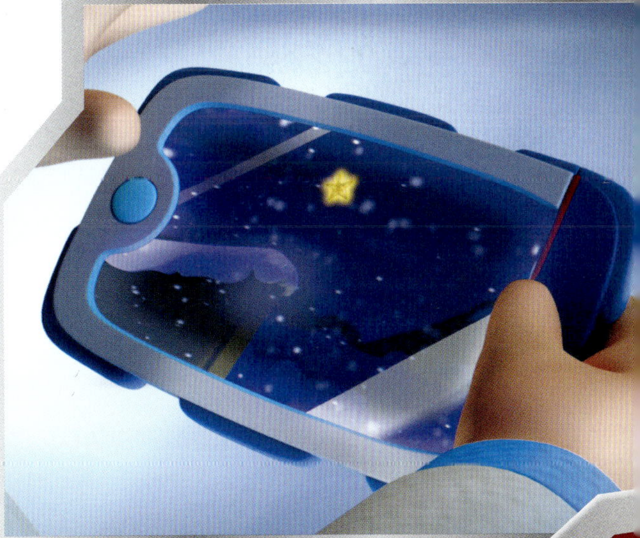

— La centrale des radars ! Elle devrait pouvoir nous montrer où est tombée l'étoile !

Ryder se connecte et repasse la vidéo de la chute du traîneau. En zoomant, le garçon et les chiots localisent l'étoile près de la ferme de madame Yumi.

En moins de temps qu'il n'en faut pour dire « Ouaf », Ryder, Rocky et Ruben arrivent sur place et cherchent dans les meules de foin. *Meuh* ! entendent-ils soudain au-dessus d'eux.

En levant les yeux, ils aperçoivent la vache Bettina qui vole avec l'étoile accrochée sur son dos.

Ryder l'attire avec de la paille, et Bettina redescend aussitôt. Rocky attrape l'étoile avec sa pince, puis Ryder appelle le Père Noël pour lui apprendre la bonne nouvelle.

– Ho ! Ho ! Je savais que la Pat' Patrouille réussirait ! dit-il, ravi.

Ryder, les chiots et le Père Noël se donnent rendez-vous près du traîneau où Chase a réuni tous les rennes. Ryder tend l'étoile au Père Noël qui la remet à sa place. Aussitôt, les pattes des rennes se mettent à étinceler.

– Ho ! Ho ! Ho ! Je ne sais pas comment vous remercier ! s'écrie le Père Noël.

– Vous pouvez toujours compter sur nous, répond Ryder. Si vous avez un problème, faites « Ho ! Ho ! Ho ! » et on sera là !

Les chiots chargent les hottes remplies de cadeaux, puis ils s'installent dans le traîneau.
– Hue Comète, hue Cupidon ! Hue Fringuant ! Filez comme le vent ! s'écrient-ils en chœur.
Le traîneau décolle et les emporte dans une course folle à travers les étoiles. Mais il est temps pour le Père Noël de poursuivre sa distribution.

– Joyeux Noël, la Pat' Patrouille ! Et encore merci ! lance-t-il en décollant à son tour.

De retour à la base et si heureux de cette belle rencontre, Ryder et ses amis vont enfin se coucher.

Mais le lendemain, quelle n'est pas leur surprise de découvrir des paquets sous le sapin !

– Le Père Noël est passé. Il ne nous a pas oubliés ! s'écrie Ruben.

Les chiots se précipitent pour ouvrir leurs cadeaux quand Stella les freine dans leur élan.

– D’abord Ryder !

Le jeune garçon déballe un gros os qui donne très envie à tous les chiots.

– Je vous l’offre, dit-il en riant. Joyeux Noël, les amis !